SAKI · DER ALMANACH

SAKI
DER ALMANACH

DIE SECHS LETZTEN GESCHICHTEN

DEUTSCH VON
Claus Sprick

ZEICHNUNGEN VON
Tatjana Hauptmann

NACHWORT VON
Fritz Senn

HAFFMANS VERLAG

DEUTSCHE ERSTAUSGABE
DER ÜBERHAUPT ERSTMALS
GESAMMELT VORLIEGENDEN ERZÄHLUNGEN,
DIE NICHT IN DER SAKI-WERKAUSGABE,
(»THE COMPLETE WORKS OF SAKI«,
THE BODLEY HEAD, LONDON, DOUBLEDAY,
NEW YORK, 1976) ENTHALTEN
SIND.

1.–4. TAUSEND, FRÜHJAHR 1986

ISBN 3251200194

Inhalt

Der Teich

ES WAR SCHON IMMER MONAS ÜBERZEUGUNG gewesen, für die tragische Rolle ausersehen zu sein; ihr Name, ihre großen dunklen Augen und die Haartracht, die am besten zu ihr paßte, all das trug dazu bei, diese Erwartung dem Leben gegenüber zu unterstreichen. Ihr Ausdruck glich gewöhnlich dem eines Menschen, der Leid und Kummer gesehen hat oder doch alsbald zu sehen erwartet, und vom Todesengel pflegte sie beinahe so zu sprechen wie andere Leute von ihrem Kutscher, der hinter der nächsten Ecke warte, um sie zum vereinbarten Zeitpunkt abzuholen. Wahrsager, denen dieser Zug ihres Wesens nicht verborgen blieb, machten samt und sonders Andeutungen über etwas in ihrer Zukunft, das sie nicht deutlicher benennen mochten. »Sie werden den Mann Ihrer Wahl heiraten; danach aber werden

Ihnen seltsame Prüfungen bevorstehen«, hatte ihr ein Zwei-Guineen-aus-der-Hand-Leser in der Bond Street prophezeit. »Vielen Dank für Ihre Offenheit«, hatte Mona geantwortet, »aber das habe ich schon immer gewußt.«

Mit John Waddacombe hatte Mona sich einem Manne vermählt, der ihren vertrauten Umgang mit den schattenhaften Tragödien dessen, was sie die Welt der Ahnungen nannte, nicht zu teilen vermochte. Er hatte mit den handfesten Tragödien seiner eigenen Welt genug zu schaffen und richtete sein geistiges Auge nicht auf die schwer faßbaren und undeutlichen Visionen aus einer Sphäre, die ihm verschlossen war und ihn im übrigen auch nicht interessierte. Kartoffelfäule, Schweinepest, die Bodenreformverordnungen der Regierung und andere Geißeln der Landwirtschaft nahmen all seine Kraft und Aufmerksamkeit in Anspruch, und selbst wenn er hätte einräumen müssen, daß es so eine Krankheit wie Seelenschmerz geben könne, von der Mona elf verschiedene Spielarten zu unterscheiden wußte – die meisten von ihnen unheilbar –, so würde er wahrscheinlich zwei Wochen an der See als das natürlichste und probateste Heilmittel verordnet haben. Es war nun einmal nicht zu leugnen: John Waddacombe war ein Mann der Scholle, erdverbunden. Wenn er es darauf angelegt hätte, in die Politik zu gehen, wäre er todsicher John Waddacombe der Redliche genannt worden, und damit wäre alles gesagt.

Zwei oder drei Tage nach ihrer Hochzeit hatte Mona die tragische Entdeckung gemacht, daß sie an einen Lebensgefährten gekettet war, mit dem sie wenig gemeinsam hatte und von dem sie so etwas wie mitfühlendes Verständnis nicht erwarten konnte. Das hätte ihr allerdings ein jeder, der sie und John und ihre jeweiligen Eigenarten kannte, schon an dem Tage sagen können, an dem sie ihre Verlobung bekanntgegeben hatten. Auf seine Weise mochte John sie gern, und auf ihre ganz andere Art mochte sie ihn mehr als nur ein wenig, aber für das, was sie dachten und fühlten, gab es kaum eine gemeinsame Sprache.

Mona begann ihr Eheleben in der Erwartung, unverstanden zu bleiben, und nach einiger Zeit gelangte auch John zu der naheliegenden Einsicht, daß er Mona nicht verstand – und war es zufrieden, es dabei bewenden zu lassen. Seine Frau war über seine stumpfe Teilnahmslosigkeit anfangs verärgert, dann niedergeschlagen. »Je weniger man darüber redet, desto rascher renkt sich das wieder ein«, war seine bequeme Devise, die aber kläglich versagte, was Monas Beitrag zum schweigenden Nebeneinander betraf. Sie war verwirrt und verzweifelt über die mangelnde Verwandtschaft ihrer Seelen; warum konnte nicht auch er geziemend unglücklich darüber sein? Nachdem sie sich anfangs eher theatralisch elend gefühlt hatte, wurde sie zunehmend schwermütiger. Die morbide Seite ihres Wesens hatte endlich etwas Nahrhaftes gefunden, von dem sie zehren konnte, und stürzte sich voller Appetit darauf. Während John mit den Problemen seiner Farm zu tun hatte und in Maßen glücklich war, blieb Mona unlustig, unbeschäftigt und maßlos unglücklich mit ihrem eigenen Problem.

In dieser Zeit, bei einer ihrer lustlosen, schwermütigen Wanderungen, entdeckte sie den Teich. In dem hochgelegenen, kreidigen Boden dieser Gegend waren stehende Gewässer eine Seltenheit; außer dem künstlich angelegten Ententeich auf der Farm und einer oder zwei Wasserstellen für das Vieh kannte Mona sonst keinen Teich im Umkreis mehrerer Meilen. Er stand in einer »Kreidetasche« in der Steilflanke eines Hügels, mitten in einer verwahrlosten Rotbuchenpflanzung – ein dunkles, böse funkelndes Wasserloch, über dem sich ein wuchernder Ring düsterer Eiben und gespenstisch verfallender Buchen zusammenzog. Es war kein fröhlicher Ort, und wenn man ihn malerisch nennen konnte, so allein seiner Melancholie wegen; die einzige Vorstellung eines menschlichen Wesens, die zu diesem Tümpel paßte, war die eines leblosen Körpers, der an seiner Oberfläche trieb. Mona fühlte sich sofort magisch angezogen von diesem Teich, der wie ein Spiegel ihrer Seele war und haargenau zu ihrer Stimmung paßte. Fast alle ihre Spaziergänge führten sie zu dem Buchenhain, und das Allerheiligste des Waldes war stets der stille dunkle Teich mit seiner Verheißung unendlicher Tiefen, seinem Schweigen, seiner Atmosphäre beinahe bösartiger Ausweglosigkeit. Wer seiner Phantasie soviel Freiheit läßt, sich einen Hügel als gut gelaunt oder ein Tal als freundlich lächelnd vorzustellen, der würde diesem Teich gewiß ein finsteres, böses Stirnrunzeln zuschreiben.

Mona ersann Geschichten aller Art, die sich um den Teich rankten, und in den meisten kam irgendeine unglückliche, vom Schicksal geschlagene Seele vor, die sich ermattet über seine lockenden Tiefen beugte und schließlich in düsterer, dramatischer Ruhe zwischen den Schlingpflanzen an seiner Oberfläche trieb. Und jedesmal, wenn sie die Geschichte neu erfand, identifizierte sie sich mehr und mehr mit dem Opfer. Sie stand oder saß dann an dem steil abfallenden Ufer, das den Teich von allen Seiten überragte, starrte hinab in das Wasser und malte sich aus, was geschehen würde, wenn sie mit dem Fuß abrutschte oder sich unbedacht zu weit über den Abgrund beugte. Wie lange würde sie in diesen unergründlichen, von Wasserpflanzen überwucherten Tiefen kämpfen müssen, bis sie so malerisch still wie die ertrunkene Heldin ihrer Phantasiegeschichten ruhte, und wie lange würde sie dort in Frieden treiben, während das Licht des Tages und das des Mondes durch den überhängenden Katafalk von Buchen und Eiben zu ihr hinabglitten, bis schließlich die Suchmannschaften ihre Ruhestätte entdeckten und ihren leblosen Körper zu den makabren Obliegenheiten der Leichenöffnung und Beisetzung fortschleppten? Die Vorstellung, ihre Verzweiflung und Seelenqual in jenem dunklen, zur Ruhe einladenden Teich zu beenden, nahm festere und klarere Gestalt an; in seinen Tiefen schien ein Geist zu lauern und an der Oberfläche zu lächeln, der sie lockte,

loren und der Regen hatte das Buchenlaub am Boden zu einem Brei dunklen Morasts vermodern lassen. Die Eiben reckten sich dick und schwarz und drohend zwischen ihren kahlen Nachbarn empor, und schwammige Knollen wuchsen geil und eklig aus der verrottenden Vegetation. Mona starrte auf den dunklen, häßlichen Tümpel hinab und schauderte bei dem Gedanken, daß sie jemals ein so grausiges Ende hatte erwägen können wie das, in diesen faulenden, sumpfigen Tiefen mit ihrer trägen Oberfläche aus gallertartigem Schleim, kriechenden Wasserinsekten und wuchernden Schlingpflanzen keuchend und röchelnd mit dem Tod zu ringen. Und dann schien das Ding, vor dem sie voller Abscheu zurückwich, zu ihr emporzuquellen, als wolle es sie in einer lang hinausgezögerten Umarmung zu sich herabziehen. Ihre Füße hatten auf dem glitschigen Untergrund aus gequollenen Blättern und schmieriger Kreide den Halt verloren und sie schlitterte hilflos den Abhang hinunter, dorthin, wo er jäh zum Teich abfiel. Wie von Sinnen krallte und klammerte sie sich an nachgebenden Wurzeln und nasser, schlüpfriger Erde fest und fühlte, wie das Gewicht ihres Körpers sie mit immer größerer Kraft hinabzog. Der gräßliche

Tümpel, dessen Faszination sie gesucht und unterschätzt hatte, tat sich begierig unter ihr auf. Selbst wenn sie hätte schwimmen können, hätte es für sie wohl kein Entrinnen aus diesen von Schlingpflanzen durchzogenen Tiefen gegeben, und John würde sie hier finden, so wie sie es früher einmal fast herbeigesehnt hatte – John, der sie geliebt hatte und sie nun mehr als je zuvor zu lieben lernte, John, den sie von ganzem Herzen liebte. So laut sie konnte, rief sie seinen Namen, wieder und wieder, aber sie wußte nur zu gut, daß er eine oder zwei Meilen von ihr entfernt war, wo er sich dem Alltag der Farm widmete, die aufs neue seine ungeteilte Aufmerksamkeit beanspruchte. Sie spürte das Steilufer wie eine Bahn aus dunkler, häßlicher Schmiere unter sich fortgleiten und hörte, wie die kleinen Steine und Zweige, die sie angestoßen hatte, mit sanftem Klatschen in das Wasser zu ihren Füßen fielen; oben, hoch oben, wie es schien, breiteten die Eiben ihr düsteres Geäst wie das Gewölbe einer Krypta über ihr aus.

»Um Himmels willen, Mona, wo hast denn du dich so bematscht?« fragte John mit durchaus verzeihlichem Erstaunen. »Hast du ein Freistilringen mit den Schweinen veranstaltet? Du bist ja bis über die Ohren voll Dreck!«

»Ich bin in einen Teich gerutscht«, sagte Mona.

»Wie, in den Pferdeteich?« fragte John.

»Nein, in einen Teich draußen in einem der Wälder«, erklärte sie.

»Ich wußte gar nicht, daß es hier in der Nähe überhaupt welche gibt«, sagte John.

»Nun, es ist vielleicht ein wenig übertrieben, ihn einen Teich zu nennen«, sagte Mona mit einer Spur von Gereiztheit in der Stimme, »er ist nur etwa anderthalb Zoll tief.«

Der Almanach

IST DIR NIE DER GEDANKE GEKOMMEN«, sagte Vera Durmot zu Clovis, »daß man ein angenehmes Einkommen erzielen könnte, indem man einen Almanach mit prophetischen Voraussagen lokaler Ereignisse herausgibt, etwa in der Machart jener Kalender, die die breite Masse zu Hunderttausenden kauft?«

»Ein Einkommen vielleicht«, sagte Clovis, »aber kein angenehmes. Wie schon das Sprichwort sagt, hat der Prophet im eigenen Lande keine gute Presse, und außerdem käme man mit den Leuten, denen man etwas prophezeit, zu eng in Berührung, als daß man viel Freude an dem Job haben könnte. Wenn der Mann, der den gekrönten Häuptern Europas tragische Ereignisse voraussagt, ihnen jeden zweiten Tag bei einem Essen oder beim Teegeplänkel begegnen müßte, würde er sein Geschäft kaum als angenehm empfinden, vor allem nicht in den letzten Tagen des Jahres, wenn die Tragödien langsam überfällig werden.«

»Ich würde ihn kurz vor Neujahr verkaufen«, überging Vera den Hinweis auf mögliche Scherereien, »und zwar für achtzehn Pence pro Exemplar, und ich würde ihn von einer Freundin auf der Maschine schreiben lassen, so daß jedes verkaufte Exemplar für mich Reingewinn wäre. Alle würden ihn aus Neugier kaufen, nur um zu sehen, wie viele der Voraussagen sich als falsch erweisen.«

»Wäre es später nicht ziemlich unangenehm für dich«, fragte Clovis, »wenn die Bestätigung deiner Voraussagen auszubleiben beginnt?«

»Es kommt eben darauf an«, sagte Vera, »die Voraussage so einzurichten, daß sie nicht sehr weit daneben gehen kann. Ich würde mit der Prophezeiung beginnen, daß der Pfarrer eine bewegende Neujahrspredigt über einen Vers aus dem Kolosserbrief halten wird; das hat er immer gemacht, seit ich mich erinnern kann, und Männer seines Alters mögen keine Veränderungen. Für den Monat Januar könnte man dann ohne großes Risiko voraussagen, daß ›mehr als eine bekannte Familie in der näheren Umgebung vor ernsten finanziellen

Problemen steht, die sich jedoch nicht zu einer wirklichen Krise auswachsen werden‹. Jedes zweite Familienoberhaupt hier in der Gegend stellt um diese Zeit des Jahres fest, daß er und die Seinen weit über ihre Verhältnisse leben und drastische Einschränkungen notwendig sind. Für April oder Mai oder so würde ich andeuten, daß eine der Dibcuster-Töchter die glücklichste Wahl ihres Lebens trifft. Bei acht Mädchen ist es wirklich an der Zeit, daß eine von ihnen heiratet oder zur Bühne geht oder profane Romane zu schreiben beginnt.«

»Seit Menschengedenken haben sie nichts Derartiges getan«, warf Clovis ein.

»Gewisse Risiken muß man auf sich nehmen«, sagte Vera. »Ich befände mich auf sichererem Boden«, fügte sie hinzu, »wenn ich für die Zeit von Februar bis November ernsthafte Probleme mit den Dienstboten voraussagte: ›Einige der tüchtigsten Hausherrinnen und Verwalter hier am Ort werden sich leidigen Problemen mit dem Personal gegenübersehen, für die sich aber vorübergehend eine Lösung findet.‹«

»Noch eine sichere Voraussage«, schlug Clovis vor, »könnte an die Termine geknüpft werden, an denen die Zählwettspiele im Golfclub stattfinden: ›Einer oder zwei der hervorragendsten Spieler des Ortes werden ungewöhnliches, anhaltendes Pech haben, das sie den wohlverdienten Lorbeer guten Spiels kosten wird.‹ Wenigstens ein Dutzend Leute werden deine Prophezeiungen für absolut hellsichtig halten.«

Vera notierte den Vorschlag.

»Ich werde dir ein Vorausexemplar zum halben Preis überlassen«, sagte sie; »allerdings erwarte ich dafür von dir, daß du deine Mutter dazu bringst, eines zum Marktpreis zu kaufen.«

»Sie wird zwei kaufen«, sagte Clovis; »dann kann sie eines Lady Adela geben, die niemals etwas kauft, was sie sich leihen kann.«

Der Almanach wurde ein Renner, und die meisten seiner Voraussagen trafen immerhin so annähernd ein, daß sie den Anspruch der Herausgeberin stützen konnten, über seherische Kräfte in der Preisklasse von achtzehn Pence zu verfügen. Eine der Dibcuster-Töchter entschloß sich, Krankenschwester zu werden, und eine andere gab das Klavierspiel auf, was beides als glückliche Entscheidung durchgehen mochte, während die Voraussagen über Ärger mit den Dienstboten und unverdientes Pech auf dem

Golfplatz weitestgehende Bestätigung in den Familienchroniken und den Annalen des Clubs fanden.

»Ich begreife nicht, woher sie wissen konnte, daß ich zweimal in sieben Monaten meine Köchin wechseln würde«, sagte Mrs. Duff, die keine Mühe hatte, sich in der Anspielung auf eine der tüchtigsten Hausherrinnen der Umgebung wiederzuerkennen.

»Und es hat sich auch bewahrheitet, was sie über die phänomenalen Züchtungserfolge geschrieben hat, die in einem Gemüsegarten des Ortes zu verzeichnen sein würden«, sagte Mrs. Openshaw; »dort steht: ›ein Garten, dessen großartige Blumenpracht schon seit langem die Bewunderung der Nachbarschaft erregt, wird dieses Jahr wahre Prachtexemplare an Gemüsepflanzen hervorbringen.‹ Unser Garten wird von jedermann bewundert, und gestern brachte Henry einige Karotten heim; nun, selbst auf einer Ausstellung würde man nichts zu sehen bekommen, das sich mit ihnen messen könnte.«

»Oh, ich glaube aber, das bezieht sich auf *unseren* Garten«, sagte Mrs. Duff, »er ist immer schon wegen seiner Blumen bewundert worden, und nun haben wir einige *Stolz-des-Südens-*

Hammelmöhren geerntet, die alles in den Schatten stellen, was ich je gesehen habe. Wir haben sie gemessen, und ich habe Phyllis gebeten, sie zu photographieren. Ich werde den Almanach ganz bestimmt kaufen, wenn er im nächsten Jahr wieder erscheint.«

»Ich habe ihn schon bestellt«, sagte Mrs. Openshaw; »nach dem, was er über meinen Garten vorausgesagt hatte, dachte ich, ihm das schuldig zu sein.«

Wenn der Almanach auch im allgemeinen als hellsichtiges Werk gelobt oder zumindest als recht beachtliche Zusammenstellung treffender Voraussagen beurteilt wurde, gab es doch Kritiker, die darauf verwiesen, daß die meisten der prophezeiten Ereignisse zu der Art von Vorkommnissen gehörten, die sich in der einen oder anderen Form in jedem Jahr zu wiederholen pflegen.

»Ich durfte nicht riskieren, mich bei irgendeinem Ereignis zu sehr festzulegen«, sagte Vera zu Clovis kurz vor Ablauf der Jahresfrist. »Wie die Dinge stehen, habe ich mich aber in bezug auf Jocelyn Vanner ziemlich weit vorgewagt. Ich hatte angedeutet, daß das Jagdrevier im November und Dezember kein sicheres Terrain für sie sei. Es ist zu keiner Zeit ein sicheres

Terrain für sie, denn immer kommt sie bei einem Sprung zu Fall oder ihr Pferd geht durch oder so etwas. Und nun hat sie sich von meiner Prophezeiung warnen lassen und kommt nur noch zu Fuß zum Sammelplatz. Unter diesen Umständen kann ihr kaum etwas Ernsthaftes zustoßen.«

»Das ruiniert ihr bestimmt die Jagdsaison«, sagte Clovis.

»Das ruiniert den Ruf meines Almanachs«, sagte Vera; »es ist die einzige Sache, die eindeutig daneben gegangen ist. Ich war mir so sicher, daß sie wenigstens irgendein kleineres Malheur erleiden würde, das sich zu einem ernsthaften Unfall aufbauschen ließe.«

»Leider kann ich dir nicht anbieten, sie über den Haufen zu reiten oder die Hunde aufzuhetzen, sie für einen Fuchs zu halten und sie in Stücke zu reißen«, sagte Clovis; »ich würde deine unsterbliche Zuneigung erringen, mir aber auch eine Menge lästiger Scherereien damit einhandeln: ich müßte womöglich in Zukunft mit einer anderen Meute jagen, und das käme mir entsetzlich ungelegen.«

»Wie deine Mutter sagt: du bist nichts als ein Haufen Selbstsucht«, kommentierte Vera.

Eine Gelegenheit, sich selbstlos zu zeigen,

bot sich für Clovis ein oder zwei Tage später, als er sich dicht neben Jocelyn in der Nähe von Bludberry Gate befand, wo die Hunde eine dichtbewaldete Senke auf der Suche nach einem schwer auszumachenden Fuchs durchstöberten.

»Die Witterung ist schwach, und es gibt unendlich viele Schlupfwinkel«, knurrte Clovis von seinem Sattel herab, »das kann hier noch Stunden dauern, bis wir einen Fuchs zur Strecke gebracht haben.«

»Um so mehr Zeit, sich mit mir zu unterhalten«, sagte Jocelyn schelmisch.

»Fragt sich nur«, sagte Clovis düster, »ob es gut ist, wenn man mich hier mit Ihnen sprechen sieht. Es könnte Sie mit hineinziehen.«

»Du meine Güte – in was denn hineinziehen?«, stieß Jocelyn hervor.

»Sagt Ihnen die *Bukowina* etwas?«, fragte Clovis scheinbar zusammenhanglos.

»Die *Bukowina*? Die liegt doch irgendwo in Kleinasien, nicht wahr? Oder Zentralasien – oder gehört sie zum Balkan?«, riet Jocelyn drauflos, »Ich komme im Moment einfach nicht darauf. Wo genau befindet sie sich?«

»Am Rande einer Revolution«, sagte Clovis bedeutungsschwer; »und das ist es, wovor ich

Sie warnen möchte. Als ich bei meiner Tante in Bukarest war«, (Clovis erfand Tanten so freigebig wie andere Leute Golferlebnisse), »wurde ich in die Affäre verwickelt, ohne zu ahnen, worauf ich mich eingelassen hatte. Es gab da eine Prinzessin...«

»Ah«, sagte Jocelyn wissend, »hinter solchen Sachen steckt immer eine schöne und geheimnisvolle Prinzessin.«

»Eine so langweilige und gewöhnliche Frauensperson, wie man sie in Osteuropa nur finden kann«, sagte Clovis; »eine von der Sorte, die just vor dem Mittagessen zu Besuch kommt und dann bleibt, bis es Zeit ist, sich zum Abendessen umzuziehen. Nun, offenbar ist so ein rumänischer Jude bereit, die Revolution zu finanzieren, wenn er sicher sein kann, dafür bestimmte Schürfrechte zu bekommen. Dieser Jude kreuzt mit seiner Yacht irgendwo vor der englischen Küste, und die Prinzessin hatte sich in den Kopf gesetzt, daß ich die vertrauenswürdigste Person sei, der sie die Konzessionsurkunden aushändigen konnte. Meine Tante flüsterte: ›Tu um Himmels willen, was sie von dir verlangt, sonst bleibt sie noch zum Abendessen.‹ Damals schien jedes Opfer leichter zu ertragen als *das*, und so stehe ich hier, mit einer

Brusttasche, die sich vor kompromittierenden Dokumenten beult, und meinem Leben, das keinen Pfifferling mehr wert ist.«

»Aber«, sagte Jocelyn, »hier in England sind Sie doch sicher, oder?«

»Sehen Sie den Mann da drüben auf dem Rotschimmel?«, fragte Clovis und zeigte auf einen Mann mit einem gewaltigen schwarzen Schnauzbart, der wahrscheinlich ein Auktionator aus der Nachbarstadt war und jedenfalls nicht zu der Jagdgesellschaft gehörte. »Dieser Mann stand vor dem Haus meiner Tante, als ich die Prinzessin zu ihrer Kutsche begleitete. Er war im Bahnhof auf dem Perron, als ich von Bukarest abreiste. Er stand auf der Landungsbrücke, als ich in England ankam. Ich kann nirgendwo hingehen, ohne ihn auf den Fersen zu haben. Es hat mich nicht gewundert, ihn heute morgen bei dem Jagdtreffen zu sehen.«

»Aber was könnte er ihnen schon antun?«, fragte Jocelyn schaudernd, »er kann Sie doch nicht umbringen.«

»Nicht vor Zeugen, wenn er es vermeiden kann. Der Augenblick, in dem die Hunde etwas aufspüren und die Reiter ausschwärmen, das ist seine Chance. Er ist entschlossen, die Papiere zu bekommen – heute.«

»Aber wie kann er sicher sein, daß Sie sie bei sich haben?«

»Das kann er eben nicht; ich könnte sie Ihnen zugesteckt haben, während wir miteinander sprachen. Deshalb versucht er, sich darüber klar zu werden, auf wen von uns beiden er im entscheidenden Augenblick losgehen soll.«

»Von uns beiden?«, schrie Jocelyn, »Wollen Sie etwa sagen...«

»Ich habe Sie ja gewarnt, daß es gefährlich sein könnte, wenn man Sie mit mir sprechen sieht.«

»Aber das ist ja furchtbar! Was soll ich denn tun?«

»Verschwinden Sie im Unterholz, sobald die Hunde loshetzen, und rennen Sie wie ein Kaninchen. Es ist Ihre einzige Chance. Und denken Sie daran, wenn Sie entkommen sollten: kein Wort darüber! Das Leben vieler wäre in Gefahr, wenn Sie auch nur ein Wort von dem erzählten, was ich Ihnen gesagt habe. Meine Tante in Bukarest...«

In diesem Moment hörte man die Hunde im Tal winseln, und eine Welle der Bewegung lief durch die verstreuten Gruppen wartender Reiter. Ein kräftigeres und selbstsicheres Gebell scholl aus dem Tal herauf.

»Sie haben ihn aufgespürt!«, rief Clovis und riß sein Pferd herum, um an der wilden Jagd teilzunehmen. Ein krachendes und knisterndes Geräusch wie das einer Gestalt, die sich hastig und entschlossen einen Weg durch Birkenreisig und abgestorbenes Farnkraut bahnt, war alles, was ihm von seiner eben noch so anhänglichen Begleitung blieb.

Selbst Jocelyns engste Freundinnen erfuhren nie genau, welcher Art die tödlichen Gefahren eigentlich waren, denen sie im Jagdrevier an jenem Tage ausgesetzt gewesen war, aber es sickerte genug durch, um dem Almanach einen lebhaften Absatz zu sichern, zum neuen Preis von drei Shillings.

Ein Volltreffer

PHILIP SLETHERBY NAHM EIN BEINAHE leeres Eisenbahnabteil in dem angenehmen Bewußtsein in Beschlag, zu einer erfreulichen und nutzbringenden Wallfahrt angetreten zu sein. Sie sollte ihn nach Brill Manor führen, dem Landsitz seiner neu erworbenen Bekanntschaft, Mrs. Saltpen-Jago. Honoria Saltpen-Jago war eine in der Londoner Gesellschaft nicht unbedeutende und in der Grafschaft Chalkshire überaus bedeutende und einflußreiche Persönlichkeit. Die Grafschaft Chalkshire oder zumindest deren östlicher Teil war für Philip Sletherby von unmittelbarem persönlichem Interesse; im Unterhaus wurde dieser Bezirk zur Zeit von einem Abgeordneten der Regierungspartei repräsentiert, der nicht beabsichtigte, sich zur Wiederwahl zu stellen, und Sletherby wurde von der Parteispitze ernsthaft als möglicher Nachfolger in Betracht gezogen. Die Mehrheit war eher knapp und der Sitz galt für einen Kandidaten der Regierungspartei nicht als sicher, aber dank einer schlagkräftigen örtlichen Parteiorganisation und mit etwas Glück war er vielleicht zu halten.

Mrs. Saltpen-Jagos Einfluß war etwas, das nicht außer acht gelassen werden durfte, und der aufstrebende Politiker war entzückt gewesen, Honoria bei einem kleinen und familiären Essen kennenzulernen, und noch erfreuter, als sie ihn für die kommende Woche von Freitag auf Dienstag in ihr Landhaus eingeladen hatte. Er war offensichtlich ›auf Probe‹, und wenn er sich des Wohlwollens seiner Gastgeberin versichern könnte, würde er seine Nominierung als gewiß ansehen dürfen. Wenn es ihm jedoch nicht gelänge, in ihren Augen zu bestehen – nun, dann würden die örtlichen Parteigrößen ihre aufkeimende Begeisterung für ihn wahrscheinlich rasch abkühlen lassen.

Unter den Reisenden, die verstreut auf dem Bahnsteig herumstanden und auf ihre Züge warteten, erspähte Sletherby einen Bekannten aus seinem Club und winkte ihn zu einem Gespräch am Fenster des Abteils heran.

»So, du verbringst also das Wochenende bei

Mrs. Saltpen-Jago? Ich bin sicher, daß es dir gut gefallen wird; sie gilt als hervorragende Gastgeberin. Und sie kann für dich von großem Nutzen sein, wenn deine Unterhauspläne... hallo, es geht schon los. Gute Reise!«

Sletherby winkte seinem Freund zum Abschied, zog das Fenster hoch und wandte seine Aufmerksamkeit der Zeitschrift zu, die auf seinen Knien lag. Aber er hatte kaum ein paar Seiten durchgeblättert, als ein unterdrückter Fluch ihn unvermittelt zu dem einzigen anderen Insassen des Abteils aufsehen ließ. Sein Reisegefährte war ein junger Mann von etwa zweiundzwanzig, dunkelhaarig, mit frischer Gesichtsfarbe und der Mischung aus modischer Eleganz und Nachlässigkeit, welche die Kleidung des ›Dandys‹ kennzeichnet, der ein Wochenende auf dem Lande vor sich hat. Er war damit beschäftigt, hektisch und ergebnislos nach einem flüchtigen oder nicht existenten Gegenstand zu suchen; von Zeit zu Zeit förderte er einen Sixpence aus seiner Westentasche zutage, starrte ihn betrübt an und begann dann erneut mit seiner vergeblichen Suche. Ein Zigarettenetui, eine Streichholzschachtel, ein Hausschlüssel, ein silbernes Federhalteretui und ein Eisenbahnbillett wurden auf dem Sitz neben ihm ausgebreitet, aber keiner dieser Gegenstände schien ihn zu befriedigen; er fluchte erneut, deutlich lauter als zuvor.

Die lebhafte Pantomime entlockte Sletherby, der die Lektüre seiner Zeitung wieder aufnahm, nicht die geringste Bemerkung.

»Hören Sie«, rief nun eine junge Stimme, »habe ich Sie nicht eben sagen hören, daß Sie über das Wochenende zu Mrs. Saltpen-Jago nach Brill Manor fahren? Welch ein Zufall! Meine alte Dame, wissen Sie. Montagabend komme ich nach, so daß wir uns dort sehen werden. Ich bin beinahe ein Fremder – habe meine alte Dame mindestens sechs Monate lang nicht gesehen. Als sie das letzte Mal in der Stadt war, war ich weg zum Segeln. Ich bin Bertie, ihr zweiter Sohn, müssen Sie wissen. Hören Sie, das ist ein märchenhaft glücklicher Zufall, daß ich gerade jetzt jemandem begegne, der meine alte Dame kennt. Mir ist nämlich etwas verdammt Dummes passiert.«

»Sie haben etwas verloren, nicht wahr?« fragte Sletherby.

»Nicht direkt verloren, aber liegenlassen, und das ist fast ebenso schlimm; zumindest ebenso unangenehm. Ich bin ohne mein Goldmünzen-Portemonnaie losgegangen, mit vier

Pfund drin, meinem ganzen irdischen Reichtum zur Zeit. Dabei hatte ich es schon in meiner Tasche, kurz bevor ich loswollte, und dann mußte ich einen Brief siegeln, und das Goldmünzen-Portemonnaie hat zufällig mein Wappen darauf; ich kramte es also heraus, um das Siegel damit zu prägen, und muß es dann wie ein doppelt reinrassiger Idiot auf dem Tisch haben liegen lassen. Ein paar Silbermünzen hatte ich lose in der Tasche, aber nachdem ich das Taxi und meine Fahrkarte bezahlt hatte, blieb nur noch dieses einsame kleine Sixpencestück übrig. Ich steige für drei Tage zum Fischen in einem kleinen Landgasthaus in der Nähe von Brondquay ab; keine Menschenseele kennt mich da, und meine Rechnung für das Wochenende, die Trinkgelder, die Droschken vom und zum Bahnhof und meine Fahrkarte weiter nach Brill, das wird sich auf zwei oder drei Pfund zusammenläppern, nicht wahr? Wenn es Ihnen nichts ausmacht, mir zwei Pfund zehn zu leihen, oder noch besser drei, dann wäre ich Ihnen schrecklich dankbar. Das würde mir aus einer gewaltigen Patsche helfen.«

»Ich glaube, das wird sich machen lassen«, sagte Sletherby nach kurzem Zögern.

»Innigsten Dank. Das ist wahnsinnig nett

von Ihnen. Was für ein Glück, daß ich ausgerechnet einem Freund meiner alten Dame über den Weg laufe. Es wird mir eine Lehre sein, meine Finanzen nicht mehr irgendwo herumliegen zu lassen, wenn sie in meiner Tasche sein sollten. Ich schätze, die Moral der ganzen Geschichte ist, daß man nicht hingehen und Dinge für Zwecke einsetzen soll, für die sie nicht gedacht sind. Aber was soll man machen, wenn ein Portemonnaie nun einmal Ihr Wappen aufweist...«

»Übrigens, wie sieht Ihr Wappen denn aus?« fragte Sletherby beiläufig.

»Eine nicht gerade seltene Helmzier«, sagte der junge Mann, »ein halber Löwe, der ein Lilienkreuz in der Pranke hält.«

»Als Ihre Mutter mir schrieb und mir eine Liste der Züge schickte, zierte ihr Briefpapier, wenn ich mich recht erinnere, ein springender Windhund«, bemerkte Sletherby. Seine Stimme hatte einen Anflug von Kälte.

»Das ist das Jago-Wappen«, antwortete der junge Mann ohne Zögern, »der halbe Löwe ist das Wappen der Saltpens. Wir haben das Recht, beide zu benutzen, aber ich verwende stets den halben Löwen, denn eigentlich sind wir in Wirklichkeit Saltpens.«

Für einen Augenblick oder zwei herrschte Schweigen und der junge Mann begann, sein Angelgerät und andere Sachen aus dem Gepäcknetz zu nehmen.

»An der nächsten Station steige ich aus«, verkündete er.

»Ihre Frau Mutter und ich sind einander nie begegnet«, sagte Sletherby plötzlich, »obwohl wir wiederholt Briefe gewechselt haben. Ich bin ihr durch politische Freunde empfohlen worden. Sieht sie Ihnen irgendwie ähnlich? Ich würde sie gern erkennen können, falls sie auf dem Bahnsteig sein sollte, um mich abzuholen.«

»Angeblich hat sie große Ähnlichkeit mit mir. Sie hat das gleiche dunkelbraune Haar und dieselbe kräftige Gesichtsfarbe; das liegt in ihrer Familie. Hören Sie, hier muß ich aussteigen.«

»Auf Wiedersehen«, sagte Sletherby.

»Sie haben die drei Pfund vergessen«, sagte der junge Mann, öffnete die Abteiltür und warf seine Reisetasche auf den Bahnsteig.

»Ich habe nicht die Absicht, Ihnen drei Pfund oder auch nur drei Shillings zu leihen«, sagte Sletherby streng.

»Aber Sie sagten doch...«

»Gewiß. Da hatte ich auch noch keinen Verdacht geschöpft, was aber nicht heißt, daß ich Ihrer Geschichte schon blinden Glauben geschenkt hätte. Die unterschiedlichen Wappen ließen mich auf der Hut sein, ungeachtet der wirklich brillanten Art, in der Sie sie erklärten. Dann stellte ich Ihnen eine Falle: Ich erzählte Ihnen, daß ich Mrs. Saltpen-Jago noch nie begegnet sei. In Wirklichkeit habe ich sie letzten Montag bei einem Essen kennengelernt. Ihr Haar ist ausgesprochen blond.«

Der Zug fuhr an und ließ den vorgeblichen jüngsten Sproß der Familie Saltpen-Jago aufgebracht fluchend auf dem Bahnsteig zurück.

»Nun, seine Angelpartie hat er nicht damit beginnen können, einen Dummen zu ködern«, lachte Sletherby in sich hinein. Heute abend würde er beim Essen eine unterhaltsame Geschichte zum besten geben können, und man würde ihm ob seiner listigen kleinen Falle als einem findigen und scharfsinnigen Manne applaudieren. In Gedanken erzählte er sein Erlebnis noch immer einem aufmerksamen Publikum von Abendgästen, als der Zug in den Zielbahnhof einlief. Auf dem Perron wurde er gemessen von einem hochgewachsenen Lakaien und geräuschvoll von Claude People, K. C., begrüßt, der offenbar mit dem gleichen Zug angereist war.

»Hallo, Sletherby! Sie zum Wochenende auf Brill? Gut. Sehr gut sogar. Wir werden morgen eine Partie Golf zusammen spielen; ich biete Ihnen Revanche für Holylake. Nicht übel, der Platz hier, verglichen mit anderen mitten auf dem Land. Ah, da wartet ja schon der Wagen auf uns, und beileibe kein schlechter!«

Der Wagen, der die Zustimmung des Kronanwalts gefunden hatte, war ein luxuriös aussehendes Gefährt, welches das Nonplusultra an Eleganz, Bequemlichkeit und Antriebskraft zu verkörpern schien. Die sanft geschwungene Linienführung und der symmetrische Aufbau ließen vergessen, daß es sich um einen wahren Koloß auf Rädern handelte, der die Eigenschaften einer Empfangshalle mit denen eines Maschinenraums in sich vereinigte.

»Ganz andere Art von Gefährt als die Postkutsche, mit der unsere Großväter zu reisen pflegten, nicht wahr?« rief der Anwalt anerkennend. Und er begann, eine Reihe von Einzelheiten aufzuzählen, um Sletherby auf die perfekte Mechanik und vorzügliche Verarbeitung des Wagens hinzuweisen.

Sletherby hörte nicht ein einziges Wort und beachtete keines der Details, die man ihm aufzeigte. Seine Augen konnten sich nicht von dem Emblem auf der Tür lösen, das zwei Wappen zeigte: einen springenden Windhund und einen halben Löwen, der ein Lilienkreuz in seiner Pranke hielt.

Der Kronanwalt war nicht der Mann, dem das tiefe Schweigen seines Begleiters aufgefallen wäre. Er selbst hatte im Zug fast eine Stunde lang geschwiegen, und seine Zunge beeilte sich, die verlorene Zeit aufzuholen. Politischer Klatsch, Anekdoten und Bemerkungen allgemeiner Art entströmten ihm in ununterbrochenem Fluß, während der Wagen die Landstraße entlangglitt – von den Hintergründen der Arbeitskämpfe in Dublin und dem Privatleben des designierten Fürsten von Albanien ging er redegewandt zu der Schilderung eines angeblichen Zwischenfalls am neunten Loch in Sandwich über und fuhr dann mit der wörtlichen Wiedergabe einer Bemerkung fort, die die Herzogin von Pathshire auf einem Tanztee beim Tango gemacht hatte. Erst als der Wagen in die Tore von Brill einschwenkte, errang der Kronanwalt Sletherbys Aufmerksamkeit, indem er seine Bemerkungen auf die Person ihrer Gastgeberin lenkte.

»Eine brillante Frau, grundgescheit, eine glasklare Denkerin, die genau weiß, wann sie eine Person oder eine Sache fördert, und ebenso genau, wann sie sie fallen läßt. Einflußreiche Frau, könnte aber mehr aus sich machen, wenn sie nicht so rastlos und ungeduldig wäre. Gönnt sich keine Ruhe. Gutes Aussehen obendrein, bis sie diese idiotische Veränderung vornahm.«

»Veränderung?« erkundigte sich Sletherby. »Welche Veränderung?«

»Welche Veränderung? Sie wollen doch nicht etwa behaupten – oh ja, natürlich, Sie haben sie ja erst kürzlich kennengelernt. Sie hatte früher schönes dunkelbraunes Haar, das sehr gut zu ihrer frischen Gesichtsfarbe paßte; dann, eines Tages, vor ungefähr fünf Wochen, schockierte sie alle Welt, indem sie als strahlende Blondine erschien. Hat ihr Aussehen ziemlich verdorben. So, da wären wir. Sagen Sie, was ist mit Ihnen? Sie sehen gar nicht gut aus.«

DIE LÖSUNG
EINES UNLÖSBAREN DILEMMAS

Unter einem Dach

ICH BEFINDE MICH IN EINER ENTSETZlichen Lage«, stöhnte Mrs. Duff-Chubleigh, sank in einen Lehnstuhl und schloß die Augen, als wolle sie eine quälende Vision verscheuchen.

»Tatsächlich? Was ist denn geschehen?«, fragte Mrs. Pallitson und war darauf gefaßt, irgendeine Küchentragödie zu hören.

»Je mehr man sich bemüht, seine Hausgesellschaften zu einem Erfolg zu machen, desto mehr scheint man das Unheil heraufzubeschwören«, war die bedeutungsschwere Antwort.

»Ich bin sicher, daß sie bisher höchst gelungen war«, sagte der Gast höflich; »auf das Wetter ist natürlich kein Verlaß, aber ansonsten wüßte ich nicht, was schiefgegangen sein sollte. Ich war der Meinung, Sie seien zu beglückwünschen.«

Mrs. Duff-Chubleigh lachte schroff und bitter.

»Es war so nett, die Marquise bei uns zu haben«, sagte sie. »Sie ist fad und kleidet sich geschmacklos, aber die Leute hier in der Gegend halten große Stücke auf sie, und es ist natürlich ein nicht zu unterschätzender gesellschaftlicher Pluspunkt, sie herzubekommen. Es macht eine Menge aus, in ihrer Gunst zu stehen. Und nun redet sie davon, uns jeden Augenblick verlassen zu wollen.«

»Wirklich? Das ist schade, aber ich bin überzeugt, daß sie es bedauern wird, eine so bezaubernde...«

»Sie geht nicht voller Bedauern«, sagte die Gastgeberin, »sondern im Zorn.«

»Zorn?«

»Bobbie Chermbacon sagte ihr ins Gesicht, sie sei eine mottenzerfressene alte Henne. So etwas sagt man nicht zu einer Marquise, und das habe ich ihm anschließend auch zu verstehen gegeben. Er wandte ein, sie sei nur eine angeheiratete Marquise, was absurd ist, denn natürlich wird niemand als Marquise geboren. Wie auch immer, er hat sich nicht entschuldigt, und sie sagt, sie wolle nicht unter einem Dach mit ihm bleiben.«

»Unter den gegebenen Umständen«, sagte Mrs. Pallitson prompt, »meine ich, Sie sollten

Mr. Chermbacon dabei behilflich sein, einen hübsch frühen Zug zurück in die Stadt auszusuchen. Es gibt da einen, der noch vor dem Mittagessen fährt, und ich nehme an, sein Diener könnte die Sache mit dem Packen in etwas weniger als zwanzig Minuten schaffen.«

Mrs. Duff-Chubleigh erhob sich schweigend, ging zur Tür und schloß sie sorgfältig. Dann hob sie langsam und eindrucksvoll an zu sprechen, mit dem Gebaren eines Ministers, der ein zum Sparen entschlossenes Unterhaus um eine Aufstockung des Marinebudgets angeht.

»Bobbie Chermbacon ist reich, sehr reich, und eines Tages wird er noch viel reicher sein. Seine Tante kann Automobile kaufen wie unsereins Theaterkarten, und er wird einmal ihr Haupterbe sein. Und ich werde älter, auch wenn man es mir vielleicht nicht ansieht.«

»Kaum«, beschwichtigte Mrs. Pallitson.

»Vielen Dank; aber die Tatsache läßt sich nicht leugnen. Ich werde älter, und obwohl ich eine angemessene Zahl eigener Kinder habe, bin ich nun in die Jahre gekommen, in denen eine Frau beginnt, große Sehnsucht nach einem Schwiegersohn zu verspüren. Bobbie hat Margaret gestern abend erzählt, sie habe Augen wie eine träumende Madonna.«

»Eine überspannte Ausdrucksweise scheint sein beständigster Wesenszug zu sein«, sagte Mrs. Pallitson. »Natürlich«, fuhr sie hastig fort, »will ich damit nicht sagen, daß die liebe Margaret nicht die Augen einer träumenden Madonna habe. Ich finde den Vergleich vortrefflich.«

»Es gibt viele verschiedene Arten von Madonnen«, sagte Mrs. Duff-Chubleigh.

»Schon wahr, aber das ist eine ziemlich unverhohlene Sprache für eine so kurze Bekanntschaft. Wie ich schon sagte, er scheint ein recht offenherziger junger Mann zu sein.«

»Ja, aber das ist noch nicht alles; er sagte, sie erinnere ihn an Gaby Soundso, Sie wissen doch, diese faszinierende Schauspielerin, die der König von Spanien so bewundert.«

»Portugal«, murmelte Mrs. Pallitson.

»Und er hat sich nicht darauf beschränkt, schmeichelhafte Dinge zu sagen«, fuhr die Mutter eifrig fort; »Handlungen sprechen mehr als Worte. Er schenkte ihr einige erlesene Orchideen, die sie gestern abend zum Essen tragen sollte... Sie waren zwar aus *unserem* Orchideenhaus, aber er hat sich immerhin die Mühe gemacht, sie zu pflücken.«

»Das läßt ein gewisses Maß von Verehrung erkennen«, stimmte Mrs. Pallitson zu.

»Und dann sagte er noch, er schwärme für kastanienbraunes Haar«, fuhr Mrs. Duff-Chubleigh fort; »Margarets Haar hat einen sehr schönen kastanienbraunen Ton.«

»Er kennt sie auch erst seit ganz kurzer Zeit«, sagte Mrs. Pallitson.

»Es war *immer* kastanienbraun«, fuhr Mrs. Duff-Chubleigh auf.

»Oh, das meine ich nicht; ich wollte damit sagen, daß Margarets Eroberung etwas unvermittelt stattfand, nicht ihre Haarfarbe. Solche plötzlichen Verliebtheiten sind oft die am tiefsten empfundenen, glaube ich. Ein Mann sieht irgendwen zum ersten Mal und weiß sofort: das ist die eine, die er sucht.«

»Nun, da sehen Sie die entsetzliche Lage, in der ich mich befinde. Entweder reist die Marquise voller Wut ab, oder ich muß Bobbie hinauswerfen, gerade wo er und Margaret so blendend miteinander zurechtkommen. Es würde die ganze Sache im Keim ersticken. Ich habe die ganze Nacht kein Auge zugetan. Ich habe beim Frühstück keinen Bissen angerührt. Und wenn man mich findet, wie ich im Karpfenteich treibe, dann werden wenigstens Sie wissen, warum.«

»Das ist gewiß eine scheußliche Situation«,

sagte Mrs. Pallitson. »Wie wäre es«, fügte sie langsam und nachdenklich hinzu, »wenn ich Margaret und Bobbie zu uns nach Hause einlüde, solange die Marquise zu Besuch weilt? Mein Mann hat zwar eine Herrengesellschaft da, aber die ließe sich leicht erweitern. Sie könnten uns drei doch entbehren, ohne die Anzahl Ihrer Gäste über Gebühr zu vermindern. Wir könnten ja so tun, als sei das so seit langem abgemacht gewesen.«

»Darf ich Sie küssen?«, fragte Mrs. Duff-Chubleigh, »Und von jetzt an müssen wir einander mit unseren Vornamen anreden. Meiner ist Elizabeth«.

»Da muß ich widersprechen«, sagte Mrs. Pallitson, die den Kuß hingenommen hatte; »mit dem Namen Elizabeth verbinden sich Charme und Würde, aber meine Paten tauften mich Celeste. Wenn eine Frau so viel wiegt wie ich...«

»Das stimmt doch gar nicht!«, rief ihre Gastgeberin in kühner Mißachtung jeglicher Logik.

»... und ein sehr launisches Temperament geerbt hat«, nahm Mrs. Pallitson den Faden wieder auf, »dann bekommt es einen recht unpassenden Beigeschmack, auf den Namen Celeste zu hören.«

»Sie tun ein himmlisches Werk, und ich halte den Namen für äußerst passend; ich werde Sie nur noch so nennen.«

»Ich bedaure, daß wir kein Orchideenhaus haben«, sagte Mrs. Pallitson, »aber es gibt einige wirklich auserlesene Tuberosen im Treibhaus.«

»Margarets Lieblingsblumen!«, rief Mrs. Duff-Chubleigh.

Mrs. Pallitson unterdrückte ein Seufzen. Sie schwärmte selbst für Tuberosen.

Am Tage nach der Umsiedlung von Bobbie und Margaret wurde Mrs. Duff-Chubleigh am Telephon verlangt.

»Sind Sie es, Elizabeth?«, ertönte die Stimme von Mrs. Pallitson, »Sie müssen Bobbie zurückholen. Sagen Sie nicht, das sei unmöglich; Sie müssen es. Der Bischof von Sokotra, ein Onkel meines Mannes, ist hier zu Besuch. Sokotra – das tut doch nichts zur Sache, wie sich das schreibt. Bobbie hat ihm gestern abend beim Essen erklärt, was er von christlicher Missionierung hält; ich habe Ähnliches auch schon oft gesagt, aber nie zu einem Bischof und auch nicht mit ganz so ungehörigen Worten. Der Bischof weigert sich, noch einen Tag unter dem gleichen Dach mit Bobbie zu bleiben. Dieser Bischof ist nicht nur ein Onkel wie andere auch, sondern ein unverheirateter und wohlhabender Onkel. Ja, natürlich kann man der Meinung sein, er solle Toleranz und Nächstenliebe üben, aber Nächstenliebe beginnt zu Haus, und er ist ein Kolonialbischof. Sokotra, das sagte ich Ihnen doch schon; es spielt doch keine Rolle, wo das ist, entscheidend ist nur, daß der Bischof hier ist und wir nicht zulassen können, daß er uns im Zorn verläßt.«

»Und die Marquise?«, kreischte Mrs. Duff-Chubleigh am anderen Ende der Leitung, nachdem sie sich sorgsam vergewissert hatte, daß niemand in Hörweite war. »Sie ist genau so wichtig für mich wie der Bischof von Skrota, oder wie immer das heißt, für Sie. Ich begreife nicht, warum er sich in dermaßen absurder und übertriebener Weise darüber aufregt, nur weil an Christlichen Missionen Kritik geübt wird; jedermann steht es frei, seine Meinung zu solch einem Thema zu äußern, selbst einem Kolonialbischof gegenüber. Es ist ganz etwas anderes, ins Gesicht gesagt zu bekommen, man sei eine mottenzerfressene alte Henne. Wie man hört, will sie diesen Winter einen Jägerball in Cloudly geben, und es ist ziemlich wahrscheinlich, daß sie mich dazu einladen wird. Und nun wollen Sie, daß ich alles ruiniere und einen höchst unangenehmen Zwischenfall heraufbeschwöre, indem ich diesen Jungen wieder unter meinem Dach aufnehme. Das können Sie nicht von mir erwarten. Außerdem können wir Mr. Chermbacon nicht hin- und herschieben wie den Regulator einer aus dem Takt geratenen Wanduhr. Finden Sie das nicht auch?«

»Der Bischof will keine Nacht länger bleiben, wenn Bobbie nicht heute noch geht«, tönte es in trockenen, unbarmherzigen Worten durch das Telephon. »Ich habe Bobbie gesagt, daß er das Haus sofort nach dem Mittagessen verlassen muß, und ich habe dafür gesorgt, daß das Automobil für ihn bereitsteht. Margaret kann morgen nachkommen.«

Dann folgte eine unerbittliche Stille am Ende der Leitung. Vergeblich drehte Mrs. Duff-Chubleigh wieder und wieder an der Kurbel und rief die verzweifelte und vergebliche Frage »Sind Sie da?« in das kalte Nichts der teilnahmslosen Leere. Die Pallitsons hatten endgültig aufgelegt.

»Das Telephon ist des Feiglings Waffe«, knurrte Mrs. Duff-Chubleigh wütend; »diese dicken blonden Frauen sind noch nie etwas anderes als ein Haufen Selbstsucht gewesen.«

Dann setzte sie sich hin, um ein Telegramm

zu schreiben, einen letzten Appell an Celestes bessere Gefühle.

»Lasse Karpfen aus Fischteich holen. Sehe Ertrinken gefaßt entgegen, will aber nicht angenagt werden. – ELIZABETH.«

Übrigens fuhren Bobbie Chermbacon und die Marquise mit demselben Zug in die Stadt. Er hatte begriffen, daß seine Gegenwart bei keiner der beiden Gesellschaften gefragt war, und sie war dringend nach London zurückgerufen worden, wo ihr Mann sich die Krankheit zugezogen hatte, die die Marquise innerhalb weniger Tage zur Witwe und vermögenden Dame machte. Bobbies Begeisterung für kastanienbraunes Haar und verträumte Madonnenaugen veranlaßte ihn nicht, seinen Besuch im Hause der Duff-Chubleighs zu wiederholen. Er verbrachte den Winter in Ägypten, und etwa zehn Monate später heiratete er die verwitwete Marquise.

Ein Notopfer

ALICIA PEVENLY SASS IN EINEM GARtensessel im Rosengang von Chopehanger, genoß die Abschiedsmilde eines warmen Oktobermorgens und gab sich jener Atmosphäre geistiger Selbstzufriedenheit hin, welche sich auf eine Frau herniedersenkt, die gut gefrühstückt hat, malerisch gekleidet ist und die Zweiundvierzig in angenehmen, schleichenden Etappen erreicht hat. Der Verlust ihres Gatten vor etwa zehn Jahren hatte einen Faden zärtlicher Trauer in das Gewebe ihres Lebens gewirkt, aber im großen und ganzen betrachtete sie die Welt und ihr Treiben mit friedlich ergebener Liebenswürdigkeit. Das Einkommen, von dem sie und ihre siebzehnjährige Tochter lebten und den Schein wahrten, war bescheiden, beinahe unangenehm bescheiden, aber bei gebührender Einteilung und etwas Umsicht reichte es hin. Planen und Haushalten gewannen einen gewissen Reiz angesichts der Tatsache, daß nur eine begrenzte Spanne von Shillings zur Disposition stand.

»Es macht einen Riesenunterschied«, pflegte Mrs. Pevenly zu sich selbst zu sagen, »ob es einem schlecht geht oder ob man nur sparsam haushalten muß.«

So wie sie ihre eigenen persönlichen Angelegenheiten mit gemessener Ruhe betrachtete, ließ sie ihren Seelenfrieden auch nicht durch die größeren Ereignisse dieser Welt stören. Sie brachte der Hochzeit von Prince Arthur of Connaught warmes, aber gänzlich unpersönliches Interesse entgegen und festigte damit ihren Anspruch, als Frau mit weit gefächerten Sympathien zu gelten, die der Zeit, in der sie lebte, mit wachem Interesse verbunden war. Andererseits scherte es sie wenig, ob Irland das Recht zur Selbstverwaltung erhalten sollte oder nicht, und es war ihr völlig gleichgültig, wo man die Südgrenze Albaniens ziehen könnte und ob man sie überhaupt festlegen sollte; wenn es je einen kämpferischen Zug in ihrem Wesen gegeben haben mochte, war er jedenfalls nie zur Entwicklung gelangt.

Mrs. Pevenly hatte ihr Frühstück gegen halb

zehn beendet, eine Zeit, zu der ihre Tochter sich noch nicht hatte sehen lassen; da die Gastgeberin und die meisten ihrer Hausgäste aber ebenfalls auf sich warten ließen, konnte Beryls Saumseligkeit nicht als gesellschaftlicher Fauxpas angesehen werden, aber ihre Mutter fand, es sei ein Jammer, so viel von dem schönen Oktobermorgen zu versäumen. Jemand hatte Beryl Pevenly einmal als »fleischgewordenen Backfisch« bezeichnet, und dieses Etikett charakterisierte sie höchst treffend. Ihre Mutter hatte bereits erkannt, daß sie dazu neigte, ihren eigenen Gesetzen zu folgen; was sie noch nicht wahrgenommen hatte, war, daß Beryl mit größter Wahrscheinlichkeit ihre Gesetze jedem schwächeren Charakter ihrer Umgebung aufzwingen würde. »Sie ist doch noch ein Kind«, pflegte Mrs. Pevenly zu sich selbst zu sagen, wobei sie vergaß, daß Siebzehn und Siebzig die wohl despotischsten Jahre im Leben eines Menschen sind.

»Ah, endlich fertig mit dem Frühstück!«, rief sie mit spöttischem Tadel, als ihre Tochter aus dem Haus kam, um ihr im Rosengang Gesellschaft zu leisten; »Wenn du die letzten beiden Abende zeitig zu Bett gegangen wärst, so wie ich, dann wärst du morgens nicht so müde.

Es war so erfrischend und bezaubernd hier draußen, während ihr dummen Leute noch alle im Bett gelegen habt. Ich hoffe, du hast nicht um hohe Einsätze Bridge gespielt, meine Liebe!«

Ein müder, trotziger Ausdruck in Beryls Augen hatte Anlaß zu dieser Bemerkung gegeben.

»Bridge? Nein, wir hatten vorgestern nacht ein- oder zweimal einen Robber gemacht«, sagte Beryl, »bevor wir dann zu Baccara übergingen, was ein ziemlicher Fehler für manche von uns war.«

»Beryl, du hast doch nicht verloren?«, fragte Mrs. Pevenly mit wachsender Beklemmung in der Stimme.

»Ich hatte am ersten Abend eine ganze Menge verloren«, sagte Beryl, »und weil ich das natürlich nicht bezahlen konnte, setzte ich am Abend darauf einfach gegen die Bank, um zu versuchen, meine Verluste wieder hereinzuholen. Ich bin zu dem Schluß gekommen: Baccara ist nicht mein Spiel. Am zweiten Abend bin ich noch schlimmer auf die Nase gefallen als am ersten.«

»Beryl, das ist entsetzlich! Ich bin sehr böse mit dir. Sag mir rasch: wieviel hast du verloren?«

Beryl blickte auf einen Papierstreifen, den sie die ganze Zeit mit den Fingern zusammengeknüllt und wieder entfaltet hatte.

»Dreihundertzehn am ersten Abend, siebenhundertsechzehn am zweiten«, verkündete sie.

»Dreihundert was?«

»Pfund.«

»*Pfund?*«, schrie die Mutter. »Beryl, das kann ich nicht glauben. Das wären ja tausend Pfund!«

»Tausendsechsundzwanzig, um genau zu sein«, sagte Beryl. Mrs. Pevenly war zu verschreckt, um zu weinen.

»Wo glaubst du denn«, fragte sie, »daß wir tausend Pfund auftreiben könnten, oder auch nur annähernd so viel? Wir brauchen jeden Penny unseres Einkommens zum Leben, wir sparen auf alle erdenkliche Weise, wir könnten nie und nimmer tausend Pfund von unserem bescheidenen Kapital abzweigen. Das wäre unser Ruin.«

»Es wäre unser gesellschaftlicher Ruin, wenn sich herumspräche, daß wir um Einsätze spielen, die wir nicht bezahlen können oder wollen; niemand würde uns mehr irgendwohin einladen.«

»Wie konntest du nur so etwas Schreckliches tun?«, jammerte die Mutter.

»Weißt du, es hat keinen Zweck, solche Fragen zu stellen«, sagte Beryl; »die Sache ist passiert. Ich schätze, ich habe eine Spielernatur von einem von euch geerbt.«

»Mit Sicherheit nicht«, ereiferte sich Mrs. Pevenly, »dein Vater hat nie ein Kartenspiel angerührt noch sich je für Pferderennen interessiert, und ich kann ein Kartenspiel nicht vom andern unterscheiden.«

»Solche Dinge überspringen zuweilen eine Generation und schlagen beim nächsten Schub um so stärker durch«, sagte Beryl. »Wie war das noch mit diesem Onkel von dir, der jede Woche in der Sonntagsschule Wetten organisierte, aus welchem Buch der Bibel der Pfarrer den Text für die Predigt nehmen würde? Wenn der kein eingefleischter Spieler war, dann kenne ich keinen.«

»Laß uns nicht streiten«, stammelte die Mutter, »laß uns lieber überlegen, was zu tun ist. Wievielen Leuten schuldest du das Geld?«

»Glücklicherweise alles nur einem, Ashcombe Gwent«, sagte Beryl, »er hat an beiden Abenden fast alle Gewinne gemacht. Er ist auf seine Art ein ziemlich netter Kerl, aber leider alles andere als reich, und man kann nicht von ihm erwarten, daß er über seine Geldforderung hinwegsehen wird. Ich könnte mir vorstellen, daß er ein ebensolcher Abenteurer ist wie wir.«

»Wir *sind keine* Abenteurer«, protestierte Mrs. Pevenly.

»Leute, die Einladungen in Landhäuser annehmen und um Einsätze spielen, die sie nie bezahlen könnten, wenn sie verlieren, *sind* Abenteurer«, sagte Beryl, die entschlossen schien, ihre Mutter in jede moralische Vorhaltung einzubeziehen, die ihrem eigenen Verhalten gemacht werden könnte.

»Hast du ihm irgend etwas von den Schwierigkeiten gesagt, in denen du steckst?«

»Habe ich. Deshalb bin ich ja gekommen, dir das zu erzählen. Wir hatten heute morgen nach dem Frühstück ein Gespräch im Billardzimmer. Offenbar gibt es nur einen einzigen Ausweg aus der Misere. Er wäre bereit, Absichten zu hegen.«

»Absichten?!«, rief die Mutter.

»Eheliche Absichten«, sagte die Tochter; »in der Tat, ohne daß einer von uns beiden es geahnt hätte, scheint er das Opfer einer Verliebtheit geworden zu sein.«

»Er war zweifellos höflich und aufmerksam«, sagte Mrs. Pevenly; »er ist kein Mann vieler Worte, aber er hört einem zu, wenn man etwas sagt. Und du meinst, daß er wirklich heiraten…?«

»Das ist genau das, was er will«, sagte Beryl. »Ich könnte nicht behaupten, daß er zu der Sorte von Ehemännern gehört, die einen vom Stuhl reißen, aber ich schätze, daß er genug hat, um davon leben zu können – jedenfalls soviel, wie wir es gewohnt sind, und er sieht ganz annehmbar aus. Die Alternative wäre, einen großen Batzen unseres Kapitals zu versilbern; ich müßte als Gouvernante oder Schreibkraft oder so etwas arbeiten gehen, und du müßtest nähen und sticken. Von einem trotz gewisser Einschränkungen recht angenehmen Leben mit zahllosen Besuchen und Einladungen überallhin würden wir plötzlich herabsinken in die unglückliche Lage verarmten Adels. Ich weiß nicht, wie du darüber denkst, aber ich wäre geneigt, den Heiratsantrag als das geringere Übel anzusehen.«

Mrs. Pevenly zückte ihr Taschentuch.

»Wie alt ist er?«, fragte sie.

»Nun, siebenunddreißig oder achtunddreißig; vielleicht auch ein oder zwei Jahre älter.«

»Magst du ihn?«

Beryl lachte.

»Er ist nicht im mindesten nach meinem Geschmack«, sagte sie.

Mrs. Pevenly begann zu weinen.

»Was für eine beklagenswerte Situation«, schluchzte sie; »welch ein Opfer um einer schnöden Summe Geldes und gesellschaftlicher Rücksichten willen! Der Gedanke, daß so etwas in unserer Familie geschehen soll! Ich habe oft in Büchern über solche Tragödien gelesen, über ein Mädchen, das wegen irgendeines finanziellen Mißgeschicks gezwungen ist, einen Mann zu heiraten, für den es nichts empfindet...«

»Du solltest solch einen Schund nicht lesen«, erklärte Beryl.

»Aber jetzt geschieht es tatsächlich!«, rief ihre Mutter, »Das Leben meines eigenen Kindes zu opfern durch eine Hochzeit mit einem um Jahre älteren Mann, für den sie nicht das Geringste empfindet, und das alles, weil...«

»Schau her«, unterbrach Beryl, »ich glaube, ich habe mich da nicht klar genug ausgedrückt. Nicht ich bin es, die er heiraten will. Backfische interessieren ihn nicht, das hat er mir gesagt. Für reife Weiblichkeit hat er eine besondere Schwäche, und du bist es, in die er sich verguckt hat.«

»*Ich?*«

Zum zweiten Mal an diesem Morgen erhob sich Mrs. Pevenlys Stimme zu einem Aufschrei.

»Ja, er sagte, du seist sein Ideal, ein reifer, sonnengewärmter Pfirsich, köstlich und begehrenswert, und eine Menge anderer Metaphern, die er wahrscheinlich bei Swinburne oder Stefan George ausgeborgt hat. Ich habe ihm erklärt, daß ich ihm unter anderen Umständen wenig Hoffnung hätte machen können, eine günstige Antwort von dir zu erhalten, aber da wir ihm eintausendsechsundzwanzig Pfund schuldeten, würdest du wahrscheinlich eine eheliche Verbindung als die zweckmäßigste Methode ansehen, die Schuld zu tilgen. Er wird in ein paar Minuten herauskommen, um selbst mit dir zu sprechen, aber ich dachte mir, es sei besser, wenn ich erst komme und dich darauf vorbereite.«

»Aber, meine Liebe...«

»Gewiß, du kennst den Mann kaum, aber ich glaube nicht, daß das etwas ausmacht. Sieh mal, du warst schon vorher verheiratet, und ein zweiter Mann ist immer so eine Art Enttäuschung. Da ist Ashcombe. Ich glaube, ich lasse euch beide besser allein. Ihr werdet einander gewiß eine Menge sagen wollen.«

Die Hochzeit fand etwa acht Wochen später in aller Stille statt. Die Geschenke waren kostbar, wenn auch nicht zahlreich, und bestanden vor allem in einem annullierten Schuldschein, dem Geschenk des Bräutigams für die Tochter der Braut.

Der heilige Krieg

REVIL YEALMTON SASS IM SCHAUkelnden Speisewagen des Nord-Expreß, der in der Dämmerung eines Frühsommertages durch die Ebenen Preußens westwärts raste. Am Ende einer einträglichen Geschäftsreise, die ihn fast zwei Jahre durch die Randgebiete des asiatischen Rußland geführt hatte, kehrte er nun heim zu seiner Frau und zu seinem Landhaus im Westen Englands. Er hatte dieses Haus selbst nie bewohnt, und doch konnte er es kaum erwarten, zu ihm zurückzukehren, als wäre es der geheiligte Hort seiner Kindheit. Der Gedanke an dieses Haus war ihm liebgeworden, denn frühe Erinnerungen knüpften sich daran, auch wenn es eher Erinnerungen an Geträumtes denn an Erlebtes waren. In seinen Kindertagen, die er bei seinen Eltern in einem adretten und recht faden kleinen Haus in einer verschlafenen Ortschaft im Westen Englands verlebte, hatte in dem alten, verwinkelten Bau am Fuße des Hügels ein unverheirateter Onkel gewohnt, der seine Verwandtschaft nicht ermutigte, allzu freizügig in seine Abgeschiedenheit einzudringen. Aus dem immergrünen Schlupfwinkel einer günstig gelegenen Ilexhecke hatte der Junge unbeobachtet auf das Anwesen blicken können, das näher zu erkunden ihm selten vergönnt war und das ihm als die herrlichste Zuflucht erschien, die ein Sterblicher ersehnen konnte. Jede Einzelheit stand ihm in ungetrübter Deutlichkeit wieder vor Augen, während er in dem rumpelnden Zug saß und sein Abendessen beendete: Gleich neben der Einfahrt erstreckte sich der weite Teich, auf dem eine Schar gesprenkelter, geringelter und kupfern glänzender Enten und Erpel hin und her schwamm wie eine kleine Armada buntlackierter Handelsschiffe auf einem Binnensee; dann die hohen weißen Tore, die zu einem von Eiben umfriedeten Garten auf der einen und einem weitläufigen Strohhof auf der anderen Seite führten, einem Hof, in dem leuchtend gefiederte Kampfhähne ihr fügsames Hennengefolge zu endlosen, geschäftigen Streifzügen anführten und zwetschenfarben schimmernde Schweine den ganzen Tag lang wühlten und schmatzten und dösten. Und zum Hügel hin, hinter dem Hof, lag ein Obstgarten von unaussprechlicher Pracht, wo im Frühjahr die Distelfinken nisteten und zur Erntezeit Äpfel, Reineclauden und Kirschen die Augen vor Verlangen schmerzen machten. Hundert andere Dinge gab es, an denen sein Herz gehangen hatte und die er sich aus den Tagen seiner Knabenzeit in Erinnerung rief; das Wundersame daran war, daß ihr Zauber der kritischen Prüfung reiferer Jahre standgehalten hatte. Als seine Eltern zu frommem Gedenken verblichen waren und eine erfolgreiche kaufmännische Laufbahn ihn zu einem gestandenen Manne hatte werden lassen, hatte er die Gegend wieder besucht und den alten Onkel menschlicher und zugänglicher gefunden als vordem, das alte, verwinkelte Haus aber und alles, was dazugehörte, so bezaubernd wie eh und je. Einige Monate später dann, als er sich gerade zu seiner wichtigen Reise in den Osten aufgemacht hatte, war der Onkel gestorben und hatte seinem Neffen dieses ganze irdische Paradies zu Eigentum hinterlassen. Yealmton hatte seine Frau ausgesandt, es in Besitz zu nehmen, und die Freude, den Fuß auf sein ersehntes

Land zu setzen, bis zum erfolgreichen Abschluß seiner russischen Unternehmungen aufgeschoben. Und nun, den Kopf voll unbändiger Erwartung und Sehnsucht, befand er sich auf dem Weg zurück zu seinem Heim – und zu Thirza. Aber ein Gedanke schlich sich mit ungebetenem Zynismus immer wieder ein: war seine Frau wirklich mit inbegriffen in jenen erahnten Freuden, die sich so angenehm vor ihm auftürmten?

Thirza Yealmton war das, was man eine energische Frau nennt. Von dieser Art gibt es viele, deren Namen man nur ehrfürchtig und unter Weihrauchopfern erwähnen darf; Thirza aber gehörte zu jener bedauerlichen Sorte, die niemals begreift, daß die Natur, insonderheit die menschliche, bisweilen darauf angelegt und ausgerichtet ist, sich zu ihrem eigenen Glück und Frommen jeglicher ordnenden Hand zu entziehen. Mit einem unterdrückten Dankgebet im Hinterkopf dachte Yealmton an die bequeme Unbequemlichkeit seiner letzten beiden Reisejahre und daran, wie Thirzas Anwesenheit am Orte des Geschehens unausweichlich ein nervtötendes Begleitprogramm aus Organisieren, Kontrollieren und allgemeiner Umkehrung des anerkannten Laufs der

Dinge mit sich gebracht hätte. Er wußte, daß er ungeduldig die zähen Stunden zählte, die ihn von der alten Heimstatt am Fuße des Hügels trennten, vermochte sich aber nicht einzureden, daß ein wenig von dieser Ungeduld tatsächlich auch auf die Sehnsucht zurückzuführen sei, wieder in der Nähe seiner Frau und in Reichweite ihres Organisationstriebs zu sein.

Später, als Thirza ihn mit dem Ponywagen von dem kleinen Provinzbahnhof abholte, wußte Yealmton, daß sein zynischer Selbstvorwurf nur zu berechtigt gewesen war. Freudige Erwartung beherrschte noch immer sein Herz und seine Gedanken; nichts davon war beim Zusammentreffen mit seiner Frau in Erfüllung gegangen. Das war bedauerlich, wie er insgeheim einräumte, aber andere Empfindungen, die auf ihn einstürmten, nahmen ihn so sehr gefangen, daß er diesem Umstand nicht mehr als nur flüchtige Mißbilligung zuteil werden ließ. Er achtete kaum auf Thirzas ungehemmten Redefluß, der mit dem Getrappel der Ponyhufe Schritt hielt, bis sich plötzlich ein Satz mit unangenehmer Deutlichkeit abhob:

»Du wirst eine Menge Verbesserungen gegenüber damals vorfinden, als du das Anwesen zuletzt gesehen hast.«

»Verbesserungen?« fuhr er verblüfft dazwischen. Es war ihm nie in den Sinn gekommen, daß man bei dem zauberhaften Landsitz, den er in Erinnerung hatte, irgendeine Verbesserung für erstrebenswert halten könnte.

»Erst einmal«, sagte Thirza, als der Wagen um eine Ecke bog und die Tore vor ihnen auftauchten, »habe ich den alten Tümpel am Eingang trockenlegen lassen; er machte alles feucht und sah so ungepflegt aus.«

Yealmton sagte kein Wort, und Thirza bemerkte nichts von dem Blick, der in seine Augen trat. Er schwieg auch noch, als seine Frau ihm eine monotone Kolonie weißer Leghornhennen in schnurgeraden Maschendrahtbahnen vorführte, die sie an die Stelle des munteren Hühnerhofes mit seinen umherstolzierenden, schauerlich bunten Kampfhähnen gesetzt hatte, die seines Onkels ganzer Stolz gewesen waren.

»Der Müller hat den größten Teil des alten Bestandes aufgekauft«, teilte sie ihm mit; »ein streitsüchtiges, streunendes Pack, diese Kampfläufer. Ich war froh, sie loszuwerden. Diese hier sind enorm legefreudig und ihre Eier bringen mir eine ganze Menge ein. Und hier war früher der Obstgarten.«

Sie zeigte ihm ein abgezirkeltes Areal junger, in dicht geschlossenen Reihen gepflanzter Obstbäume inmitten einer sorgfältig aufgeforsteten Einfriedung.

»Wenn sie ausgewachsen sind, werden sie dreimal soviel Ertrag abwerfen, wie der alte Obstgarten hergab«, bemerkte sie.

»Wir sind nicht arm«, warf Yealmton ein.

Thirza war enttäuscht und verletzt; wie wenig wußte ihr Mann zu schätzen, welche Mühen sie für dies alles auf sich genommen hatte!

»Geld kann man immer brauchen«, sagte sie schroff.

»Früher haben Distelfinken im Obstgarten genistet«, sagte Yealmton wie zu sich selbst.

»Vögel sind in einem Garten nicht angebracht, finde ich«, entgegnete Thirza, »aber wir können ja Distelfinken in einer Voliere halten, wenn du magst.«

»Mag ich nicht«, sagte Yealmton kurz angebunden.

Eine gelbe Gestalt kam einen Gartenweg herunter, geradewegs auf den Neuankömmling zu.

»Hallo, Peterkin!« rief Yealmton erfreut und ein Kater mit goldfarbenem Fell sprang schnurrend in seine Arme.

»Wie seltsam!« rief Thirza. »Diese Katze hat

sich seit der ersten Woche, in der ich gekommen war, hier in der Gegend nicht mehr blicken lassen; ich wußte gar nicht, daß es sie noch gibt. Laß sie nicht ins Haus«, fügte sie hinzu. »Ich habe etwas gegen Katzen im Haus.«

Statt einer Antwort trug Yealmton Peterkin in den Frühstücksraum und setzte ihn auf einen breiten Sims, der in die Kaminecke eingelassen war.

»Das war sein Thron zu Zeiten meines Onkels«, sagte er, »und das ist auch jetzt sein Thron.«

Thirza entschied sich prompt für eine viertägige Migräne, ein Mittel, zu dem sie unfehlbar Zuflucht nahm, wann immer jemand ihre Pläne durchkreuzte oder sie kränkte. Zwar hatte man sie diese Migräne in hektischen Zeiten schon einmal zurückstellen sehen, zum Beispiel in der Weihnachtszeit oder während des Frühjahrsputzes, aber ganz darauf verzichten wollte sie nie. Für den Augenblick sagte sie nichts.

Nach dem Essen stand Yealmton an diesem Abend an einem offenen Fenster, während Peterkin verzückt an seiner Seite schnurrte, und horchte auf einen Laut, dessen er sich entsann und der aus der Dämmerung zu ihm hätte dringen müssen.

»Warum hört man die Waldkäuze nicht rufen?« fragte er. »Früher haben sie immer um diese Zeit im Wäldchen geschrien. Auf der ganzen Reise quer durch Europa habe ich mich danach gesehnt, diese Käuzchen das Abendlied singen zu hören.«

»Magst du diesen Lärm, den sie veranstalten?« fragte Thirza. »Ich konnte ihn nicht mehr ausstehen und habe den Wildhüter hier aus dem Ort beauftragt, sie abzuschießen. Sie machten ein so schauriges Geräusch, finde ich.«

»Gibt es noch etwas Gräßliches, das du diesem lieben alten Gehöft angetan hast?« fragte Yealmton. Er sprach zu sich selbst, stellte die Frage aber laut. Dann fügte er hinzu: »Dir wird gewiß noch ein Unheil zustoßen!«

Thirza schnappte nach Luft und starrte ihn eine halbe Minute lang an.

»Du bist übermüdet von der langen Reise«, sagte sie schließlich und ging nach oben, um einer Migräne freien Lauf zu lassen, die, so befand sie, kaum weniger als eine Woche dauern konnte.

Umsichtige Aushubarbeiten ließen den Teich beinahe in alter Pracht wiedererstehen und eine große Schar gesprenkelter, geringelter und getupfter Enten glitt auf seiner Oberfläche hin und her, als hätte sie ihr Leben lang nichts anderes getan. Ein paar junge Kampfhähne, die der verständnisvolle Müller beisteuerte, machten mit den fremden weißen Hähnchen, die sich angemaßt hatten, an ihrer Stelle zu regieren, kurzen Prozeß, und der Wildhüter des Ortes bekam zu hören, welch entsetzliche Dinge er zu gewärtigen habe, wenn noch ein einziger Käuzchenmord auf sein Konto gehe. Selbst der Nutzgarten wurde dazu gebracht, seine baumschulhafte Art abzuschütteln und verwildernd etwas von der Herrlichkeit eines ländlichen englischen Obstgartens zurückzugewinnen. Den Vögeln des Himmels blieb weiteres Ungemach erspart, wenn man von den Sanktionen absah, die Peterkin in seiner Eigenschaft als Hüter der Johannisbeerbüsche über sie verhängte. Und während diese Dinge geschahen, führten Yealmton und seine Frau einen artig verhaltenen Krieg gegeneinander; Thirza wußte, daß sie diesen Kampf schließlich gewinnen mußte, denn sie kämpfte um ihre Existenz – Organisieren, Eingreifen und Kontrollieren bildeten die unerläßliche Voraussetzung ihres Wohlbefindens. Nur wußte sie nicht, oder sie begriff es nicht, daß Yealmton einen heiligen Krieg führte und deshalb nicht zu schlagen war.

Als der Sommer und der Herbst dem Winter wichen, wandte Thirza ihren Tatendrang mehr und mehr dem ländlichen Leben der Dorfgemeinschaft zu, wo sie sich weniger gewaltigen Hindernissen gegenübersah als dem übermächtigen Widerstand, den Yealmton ihr in ihrem engeren Wirkungskreis entgegensetzte. Sie war bei den Dorfbewohnern nicht beliebt, beherrschte aber inzwischen vollendet die Kunst der aufdringlichen Einmischung.

»Ich werde zu den Mühlteichen hinuntergehen«, verkündete sie eines Nachmittags, nachdem strenger Frost das Land einige Tage lang beherrscht hatte, »die Kinder werden um diese Zeit aus der Schule kommen. Es ist ihnen untersagt worden, auf das Eis zu gehen, und ich gedenke das durchzusetzen.«

»Es kann unmöglich schon tragen«, sagte Yealmton.

»Am flachen Ende trägt es«, sagte Thirza.

»Warum soll man sie dann nicht auf das flache Ende drauflassen?« fragte Yealmton.

»Es ist ihnen verboten worden«, sagte Thirza; »ich möchte darüber nicht debattieren. Ich werde dafür sorgen, daß keines der Kinder es trotzdem versucht.«

Stattdessen hatten die Kinder sich aber zu

einer Schlitterpartie am anderen Ende des Dorfes eingefunden und Thirza hatte die einsamen Mühlwiesen ganz für sich allein. Vom Tor des Obstgartens aus konnte Yealmton verfolgen, wie sie rasch an den schilfgesäumten Ufern der weitflächigen Teiche entlangging, als wolle sie um jeden Preis verhindern, daß irgendein verwegener Lausejunge sich heimlich damit vergnügte, in einem verborgenen Winkel zwischen den Büschen auf dem Eis zu schlittern. Als er die dunkle, einsame Gestalt durch die trostlose winterliche Einöde eilen sah, ging ihm plötzlich seine unfreiwillige Prophezeiung durch den Kopf: »Dir wird gewiß noch ein Unheil zustoßen.« Und in diesem Augenblick sah er etwas Weißes aus den Büschen hervorschießen und flügelschlagend auf sie zustürzen; er sah, wie Thirza zurückschrak und auf dem glatten Rand des Teiches hinfiel, und über die Wiesen hinweg durchschnitt ein Schrei die eisige Luft. Es kostete ihn geraume Zeit, bis er die Stelle erreichte, obwohl er so schnell lief wie er nur konnte, und als er dort angelangt war, lag die Frau halb unter einer Schicht aus aufgewühltem Eis und Schneematsch am Ufer des Teiches, während etwas Weißes und Schemenhaftes sich in der Dämmerung davonstahl. Yealmton erkannte, daß es ein wilder Schwan war, der von irgendeinem Schützen an der Seite verwundet worden war und im Schilf Zuflucht gesucht hatte, um seinen Tod zu erwarten, grausam und geschwächt vor Hunger und Todesangst, aber noch stark genug, zu tun, was er getan hatte.

Saki – und damit sind hier seine Geschichten gemeint, die Anfang des Jahrhunderts geschrieben worden sind, und nicht ihr Urheber – ist ein schönes Beispiel dafür, worauf es nicht ankommt oder zum mindesten nicht ankommen muß. Auf Gesinnung, innere Werte, Absichten, Betroffenheit, Menschenliebe usw., obwohl das alles natürlich lauter vorzügliche Anliegen sind, die denen, die sie gern im Mund führen, auch recht gut anstehen würden. Aber die Musen, die nicht auf Parteiprogramme hören, kümmern sich darum wenig. Sie schlagen zu oder küssen ganz nach Lust und Laune, *ihrer* Lust und *ihrer* Laune, und streuen mit Willkür und Geschmack den Staub des Vergessens über so vieles, was reinsten Motiven entsprungen und mit edler Absicht verkündet worden ist, während anderes, Seltenes, aus welchen Quellen und Trieben auch immer entstanden, als schwereloses Entzücken weiter lebt. Wie eben die Erzählungen von Saki, die bei allem Zeitkolorit nach siebzig Jahren noch so taufrisch und heiter frech wirken wie eh und je, selbst wenn sie schon zu ihrer Zeit etwas überholt und künstlich dahergekommen sein müssen und fast nostalgisch noch eine Welt bewahrten, die bereits am Verschwinden war. Eine Welt von Landparties, Jagden, Unruhen auf dem Balkan und von einer stets eleganten, wortgewandten Gesellschaft.

Warum dies alles so ist, so vergnüglich frisch, läßt sich nicht genau feststellen. Es hat, wie alle Kunst, etwas mit Können zu tun, mit Begabung, mit einem angeborenen Witz. Unsere Freude am Gutgefertigten, an der vollkommenen Bewegung, ist elementar, läßt sich allenfalls etikettieren (das Adjektiv »taufrisch« ist so sinnvoll und nutzlos wie »brillant« oder »genial« und alle derartigen Bezeichnungen), aber nicht erklären. Saki hatte eine Begabung, eine enge, und war darin zeitlos hervorragend. Offensichtlich konnte er keinen langweiligen Satz schreiben – oder, wer weiß, er arbeitete im stillen so lange daran, bis jedes Wort saß; aber Fleiß allein bringt das nicht zustande. Saki schrieb nichts Überflüssiges, nichts, was ein Redakteur oder Lektor weglassen wollte. Das allein setzt ihn schon ab von vielen seiner Zeitgenossen und von den meisten unserer. Er geht souverän um mit unseren Erwartungen und erzeugt Spannungen, hält uns auf Trab mit kleinen Widerhaken und jähen semantischen Schwenkern. Wie all das vor sich geht, können wir leicht nachvollziehen – *hinterher*. Es sind die ältesten rhetorischen Tricks, aber können muß man's halt. Auch wenn wir das Rezept verstehen, können wir es nicht einfach willentlich anwenden. Es gibt Saki in unzähligen Verdünnungen, aber kaum Nachahmungen.

Ein paar Angelsachsen scheinen das zu beherrschen, aus einer Tradition heraus, die abstrakten Tiefgang oder gewichtige Aussage nicht über alles wertet. Auch der Zeitgeschmack spielt mit, die dekadenten neunziger Jahre, die Umbruchstimmung der Jahrhundertwende, eine Auflockerung der Lebenshaltung. Einer der großen Vorläufer war Oscar Wilde, der Saki gegenüber noch eigenartig milde wirkt. Gute Gesinnung ist eine Tugend, aber noch besser ist ein vollkommenes Epigramm, nicht triefsinnig, doch sinntreffend; es mag anfechtbar sein, frivol, unvertretbar und flüchtig: aber die großen wegweisenden Langeweiler haben die Bühne schon zu lange eingenommen und sich gültig etabliert. Ein wenig witzige Opposition – man stelle sich das mal politisch vor: *witzige* Opposition! – kann da ganz gut ankommen. Und so erweist es sich dann, daß Sakis Verantwortungslosigkeiten viele der ernsten, notwendigen Belehrungen der gewichtigen Viktorianer, aber auch die echten Anliegen von H.G.Wells, Galsworthy oder G.B. Shaw wenn nicht aufwiegen, so doch überdauern. Von Chesterton etwa lebt gerade nicht seine Weltanschauung weiter, sondern das, worin er einem Saki am humorvoll nächsten kommt.

Die ersten Geschichten von Saki bestanden zumeist aus Konversationen, voll von klugen, unterhaltsamen Aussprüchen, deren mancher noch auf der Zunge zergeht. »Der Christ, der zuerst aufsteht«, mochte etwa eine Saki-Figur beiläufig bemerken, »der bekommt auch den fettesten Löwen.« Die Beiläufigkeit ist natürlich gekünstelt, der ganze Satz auf verzögerte Wirksamkeit angelegt. Es dauert eine Weile, eine kurze, bis wir wahrnehmen, was nicht dasteht. Saki war einer der Meister des nachhaltig Nichtgesagten. Und ein Meister des zeitlichen Leseablaufs. Wenn unser Lehrsatz gleich mit dem frühstückenden Löwen anfinge, wäre er belanglos, nicht erwähnenswert. Doch, wie das Gleichnis dartut, ist es mit der sprachlichen Form allein nicht getan, als ob es jemals so etwas wie *»nur«* Form gegeben hätte. Saki spricht auch unser Gemüt an, die Psyche, mit gezielten Schlägen unter die Kruste der Zivilisation. Bei all den deutlich konservativen Ausrichtungen Sakis ist er durchaus nicht klassenbewußt auf der Seite der Höhergestellten. Es herrscht eine herzerwärmende Fairness. Oft siegt ein Kind über die Erwachsenen, die Natur über menschliche Ordnung, das Tier, wie Figura zeigt, über die Krone der Schöpfung. Saki hat viel Sympathie, die heutzutage geradezu zeitgemäß anrühren muß, für das durch Domestizierung oder Entwicklung bedrohte Tier, das gelegentlich zurückbeißt: Katzen, Fischotter, Frettchen, sogar Hyänen ziehen sich, anders als im richtigen Leben, außergewöhnlich gut aus ihren Affären.

So gelingen ihm, Saki, als einem der wenigen, noch Happy-End-Geschichten, die keinen faden Geschmack hinterlassen. Die erwähnte Kurzfassung vom frühen Christen ist eine Bestätigung, aber da müßte man wohl, genaugenommen, noch den Löwen fragen. Happy-End ist nicht ganz der richtige Ausdruck, es handelt sich eher um Ausgänge der Wunscherfüllung, Akte der Vergeltung, der mitunter etwas nachgeholfen werden muß, wenn sich das Schicksal diskret zurückhält. Das rückt viele Geschichten in die Nähe von Jugendstreichen. Es ist viel pubertäre Wunscherfüllung mit im Spiel, *Max und Moritz* ohne die abschließende moralische Mühle.

Saki ist als Schriftsteller jung geblieben, nie erwachsen, und hat gleichwohl viel von der Weisheit des Predigers Salomo an sich, mit einem halt viel keckeren Vokabular. Er hat ein recht begrenztes Gebiet immer neu beackert in liebevoller Vollendung.

Saki lotet das große Leben aus in all seiner Seichtheit und präsentiert die feine Gesellschaft von ihrer schönsten Seite, der Oberfläche, mit ihrem Hang zur Eleganz und ihrem Bedarf an Unterhaltung; er zeigt ihre wahren Motive gar nicht weit darunter. Dabei hat die vollkommene böse englische Art nicht einmal ein eigenes Wort für »Schadenfreude«, des Himmels freudigste Gabe. Wo schon das Lebenswerte sonst nie zu seinem Recht kommt im Lauf der Dinge, so kommen hier doch wenigstens mit Genuß (unserem) diejenigen zu Schaden, die in der Praxis der Welt mit verläßlicher Zielstrebigkeit in einem beständigen Akt ausbleibender Gerechtigkeit nach oben promoviert werden – in die Verantwortung, als Erzieher, Politiker – alle die obligat auftauchenden alltäglichen Aufdringlichen, dominierenden Tanten, die Geschäftigen und die Festredner. Alle jene, die stets unaufgefordert die Geschicke anderer, zu deren eigenem Vorteil, in ihre resolute Hand nehmen.

Die hier versammelten sechs Geschichten sind nachgelassene; sie waren jahrzehntelang in keiner Buchausgabe zugänglich und treten hier erstmals, zu unserem Vorteil, deutsch auf, in welcher Form sie auch notwendig sind. Gedacht sind sie als Kostproben und die Vorhut einer geplanten Gesamtausgabe, für die sie recht repräsentativ sind. Eine von ihnen, »Der heilige Krieg«, hat fast zufällig oder aber durch den unabwendbaren Fortgang des Weltlaufs eine ökologische Aktualität erhalten. Die Umwelt schlägt, zur Abwechslung, einmal zurück. Das natürlich Gewachsene setzt sich wider alle Erwartungen gegen den Fortschritt durch, den eine etablierte Perversität von heute wohl Wachstum nennen würde. In diesem heiligen Krieg ist die aktive, zivilisatorische Heldin Thirza Yealmton eine brauchbare Inkarnation der Eigenschaften all jener Tüchtigen, die es stets zu etwas bringen. Sie gehört zu jener »Sorte, die niemals begreift, daß die Natur, insonderheit die menschliche, bisweilen darauf angelegt ... ist, sich zu ihrem eigenen Glück ... jeglicher ordnenden Hand zu entziehen«. Ihre Anwesenheit bringt »unausweichlich ein nervtötendes Begleitprogramm aus Organisieren, Kontrollieren und allgemeiner Umkehrung des anerkannten Laufs der Dinge« mit sich.

Noch aber ist, so wenigstens in Sakis fiktiver Wunscherfüllung, die Umwelt (die damals noch gar nicht ahnte, daß sie eine war) nicht verloren. Dabei darf man Saki nicht zur Last legen, er hätte uns nun belehren wollen oder bekehren. Man kann sich nur ausdenken, was er von irgendwelchen wohlmeinenden, erst gar noch demonstrierenden Volksmeinungen, gleich welcher Prägung, gehalten hätte. Es gibt in seinen Geschichten zeitgemäße Belege. Saki kannte ein paar der Weltverbesserer. Er wollte die Welt nicht verbessern. Sie war ihm schon so schlecht genug.

* * *

Die Rede ist von Saki, doch es gibt hinter diesem Pseudonym (entnommen einer englischen Übersetzung von Omar Khayyams *Rubaiyat*) noch einen Hector Hugh Munro, der am 18. Dezember 1870 in Akyab zur Welt gekommen war. Das lag in Burma und gehörte damals noch zum umfassenden britischen Weltreich. Aufgezogen wurde Hector Munro aber in England von zwei rührigen, herrschenden, traumatischen Tanten, die wohl sein Bedürfnis erregten, fortan mit gleichermaßen aufdringlichen Spielarten von Autorität literarisch abzurechnen. Viele seiner Geschichten schildern denn auch mannigfaltige Fertigkeiten des bloßen Überlebens. Munro wurde Journalist und Korrespondent in Paris, in St. Petersburg und auf dem Balkan. Er schrieb Berichte, Erzählungen, Parodien, ein paar Theaterstücke und einen Roman, *The Unbearable Bassington*. Seinem Biographen zufolge hatte er homosexuelle Neigungen, die unerheblich sind, aber möglicherweise in seinen (im übrigen reichlich prüden) Geschichten eine deutliche Abneigung gegen zugriffige Frauen mitgefärbt haben, eine Abneigung, die lediglich durch einen ähnlichen, im Grunde nicht geschlechtsspezifischen Abscheu vor dominierenden oder durchgreifenden oder langweilenden Männern aufgewogen wird.

Niemand ist vollkommen. Munro verkörperte vielleicht das Beste am Konservativen britischen Zuschnitts mit seinem Anspruch darauf, in Ruhe gelassen zu werden, und seinem exzentrischen Hang zu wohlartikulierter Respektlosigkeit. Gut unterhalten, könnte man schließen, ist allemal bekömmlicher als ernst gemeintes Dreinfahren. Die frühen Epigramme über das Empire, die Gesellschaft, die Moral, die Religion, die Gesellschaft, den Sozialismus, die Suffragetten, den Patriotismus waren vermutlich nicht ganz ernst gemeint, wirkten aber damals und wirken weiter als wohltuende Kompensation für eben diesen Ernst des Lebens.

Aber allmählich wurde es doch ringsum ernst. Der Krieg, der nicht heilige, zog herauf. Munro geriet in eine andere konservative Rolle, die vaterländische. Er schrieb mahnende Artikel, nicht mehr leichthin elegante, zur inneren Einstellung. Sein Biograph sieht auch Anzeichen einer möglichen Wende zum Religiösen. Als der Krieg ausbrach, meldete sich Hector Munro freiwillig zum Dienst, keine leichte Sache mit über vierzig Jahren und nicht der besten Gesundheit. Er wurde angenommen und brachte es schnell bis zum Korporal der Königlichen Füsiliere. In seiner neuen, selbstgewählten Rolle fand er sich – und wies er die ihm Untergebenen – zurecht mit, wie es schien, sichtlichem Behagen. Das Leben sagte ihm zu; er hatte Freude an seiner Khakiuniform. Er war Reif geworden, Erwachsen, Verantwortungsvoll. Der Krieg, Schule der Männlichkeit, hat das so an sich.

Es gibt wohl kaum einen Aufgabenbereich mit so viel Notwendigkeit für das, was Saki noch vor einigen Jahren seiner Thirza Yealmton zugeschrieben hatte, wie den eines Unteroffiziers. Seine Pflicht umschließt geradezu ein »nervtötendes Begleitprogramm aus Organisieren, Kontrollieren und allgemeiner Umkehrung des anerkannten Laufs der

Dinge« – das ist sein Beruf und wurde offensichtlich auch Hector Munros Berufung (Saki, der seinen Figuren so treffende Namen zu verleihen wußte, hieß nicht umsonst Hector). »Organisieren, Eingreifen und Kontrollieren bildeten die unerläßliche Voraussetzung ihres Wohlbefindens«, hatte es noch von Thirza geheißen, der Fiktion. Hätte Korporal Munro überlebt, wäre er wohl als Kriegsheld ausgezeichnet worden und hätte in der unruhigen Nachkriegszeit möglicherweise die hergebrachten, bedrohten Werte verteidigt, ohne Zweifel mit dem gewohnten sprachlichen Geschick. Das traf nicht ein. Das Leben verhielt sich ausnahmsweise untypisch. Am 14. November 1916 in den Schützengräben von Beaumont-Hamel wies Munro einen gemeinen Soldaten, der sich im Dunkeln unerlaubterweise eine Zigarette angezündet hatte, laut zurecht und wurde von einer Kugel getroffen. Das Schicksal war mit Hector Hugh Munro so umgesprungen wie einst Saki in seiner besten Zeit mit seinen fiktiven Gestalten. Das Leben, so hatte schon Oscar Wilde gemeint, versucht die Kunst nachzuahmen. Es gelingt ihm selten genug.

Fritz Senn

Nachweis

Der Teich
»THE POND«, THE BYSTANDER,
FEB. 21, 1912

Der Almanach
»THE ALMANACK«, THE MORNING POST,
JUNE 17, 1913

Ein Volltreffer
»A SHOT IN THE DARK«,
THE BYSTANDER,
DEC. 3, 1913

Unter einem Dach
»A HOUSING PROBLEM,
THE SOLUTION OF AN INSOLUBLE DILEMMA«,
THE BYSTANDER,
JULY 9, 1913

Ein Notopfer
»A SACRIFICE TO NECESSITY«,
THE BYSTANDER,
OCT. 15, 1913

Der heilige Krieg
»THE HOLY WAR«, THE MORNING POST,
MAY 6, 1913